Eine kleine Geschichte vom Glück

Text von Regina Schwarz

Illustrationen von Constanze Schargan

PATTLOCH

Ein Glücksschwein
denkt zuletzt an sich

und das Gefühl ist fürchterlich.

Denn immer nur an andere denken:
Dafür kann sich kein Schwein
was schenken.

So stand das Glücksschwein morgens auf
und dachte:

Ich mach einen drauf!

Und grunzend lief es aus dem Stall,
von links nach rechts
mit Knall und Fall,

durchs hohe, morgenfrische Gras,
denn Glück, so fand es, das ist Spaß!

Dann sah es sich am Himmel satt,
weil nur der Himmel Wolken hat.

Oh, fliegen wäre wunderbar!

Das war dem Glücksschwein
plötzlich klar.

Zum Glück, was stand da?

Eine Leiter.

Gleich fühlte es sich leicht
und heiter.

Und dann, mit wahrem Todesmut,
ging's hoch hinauf.

Wie war das gut!

Jetzt galt es nur noch abzuheben
und leicht zu
schweben, schweben, schweben.

Doch krach und plumps und
quiek und au,
da landete die arme Sau

auf allen Vieren ziemlich hart,
nach ihrer Leiter-Himmelfahrt.

Nun denn, das war das ferne Glück.
Das Glücksschwein torkelte zurück,
um schließlich unter Apfelbäumen
von seinem Erdenglück zu träumen:

»Ich übe mich als Trüffelschwein.
Das kann doch nicht so schwierig sein.«

Es wühlte hier
und es grub dort,
es grub und grub
in einem fort.

Nein leider, Trüffel fand es keine,
dafür gab's müde Schweinebeine.

Doch das Gefühl
im Wald zu wühlen
und frei zu sein,
sich frei zu fühlen,

das tat dem Glücksschwein einfach gut.

Es fühlte einen Übermut …

... und sah gleich alles rundherum
mit anderen Augen und darum
beschloss das Glücksschwein:

»Ich bleib hier.
Den einen Glückstag gönn ich mir.«

Und so,
und das ist nicht gelogen,

sah es den ersten Regenbogen,
den es bis dahin gar nicht kannte, ...

... der sich so wie ein Zauber spannte
von weit, weit weg bis haargenau
zu dieser glücklich freien Sau, ...

... zu dem vom Glück beseelten Schwein,
das fand:

Nichts kann heute
besser sein!

Bibliografische Information: Deutsche Nationalbibliothek
Die Deutsche Nationalbibliothek verzeichnet diese Publikation in der Deutschen Nationalbibliografie; detaillierte bibliografische Daten sind im Internet über http://dnb.d-nb.de abrufbar.

Herstellung und Layout: Elke Bahlmann, Pattloch Verlag
Lektorat: Bettina Dester, Pattloch Verlag
Druck und Bindung: LEGO S.p.A., Vicenza
Printed in Italy

02 04 05 03 01
ISBN 978-3-629-10297-3

www.pattloch.de